AF221679

בית ספר - skole 2
נסיעה - rejse 5
תחבורה - transport 8
עיר - by 10
נוף - landskab 14
מסעדה - restaurant 17
סופרמרקט - supermarked 20
שתיות - drikkevarer 22
אוכל - mad 23
חווה - bondegård 27
בית - hus 31
סלון - stue 33
מטבח - køkken 35
חדר אמבטיה - badeværelse 38
חדר ילדים - børneværelse 42
בגדים - tøj 44
משרד - kontor 49
כלכלה - økonomi 51
מקצועות - erhverv 53
כלי עבודה - værktøj 56
כלי נגינה - musikinstrumenter 57
גן חיות - zoo 59
ספורט - sport 62
פעילויות - aktiviteter 63
משפחה - familie 67
גוף - krop 68
בית חולים - sygehus 72
חירום - nødstilfælde 76
כדור הארץ - Jorden 77
שעון - ur 79
שבוע - uge 80
שנה - år 81
צורות - former 83
צבעים - farver 84
הפכים - modsætninger 85
מספרים - tal 88
שפות - sprog 90
מי / מה / איך - hvem / hvad / hvordan 91
איפה - hvor 92

Impressum
Verlag: BABADADA GmbH, Nedderfeld 112 , 22529 Hamburg
Geschäftsführer / Verlagsleitung: Harald Hof
Druck: Books on Demand GmbH, In de Tarpen 42, 22848 Norderstedt

Imprint
Publisher: BABADADA GmbH, Nedderfeld 112 , 22529 Hamburg, Germany
Managing Director / Publishing direction: Harald Hof
Print: Books on Demand GmbH, In de Tarpen 42, 22848 Norderstedt

בית ספר
skole

כיתה
klasseværelse
חילק
dividere
186/2
לוח
tavle
skolegård
מורה
lærer
נייר
papir
כתב
skrive
עט
pen
שולחן עבודה
skrivebord
סרגל
lineal
ספר
bog
תלמיד
elev

ילקוט

skoletaske

קלמר

penalhus

עיפרון

blyant

מחדד

blyantspidser

גומי מחיקה

viskelæder

חוברת סרטוט

tegneblok

סרטוט

tegning

מברשת

pensel

קופסת צבעים

æske med vandfarver

מספריים

saks

דבק

lim

ספר תרגול

opgavehefte

שיעור בית

lektie

מספר

tal

חיבר

addere

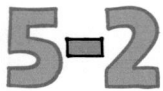

חיסר

subtrahere

הכפיל

multiplicere

חישב

regne

A

אות

bogstav

ABCDEFG
HIJKLMN
OPQRSTU
VWXYZ

אלפבית

alfabet

מילה

ord

טקסט

tekst

קרא

læse

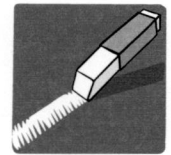

גיר

kridt

שיעור

time

יומן נוכחות

klasseprotokol

מבחן

eksamen

תעודה

karakterbog

תלבושת בית ספר

skoleuniform

חינוך

uddannelse

אנציקלופדיה

leksikon

אוניברסיטה

universitet

מיקרוסקופ

mikroskop

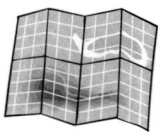

מפה

kort

סל נייר

papirkurv

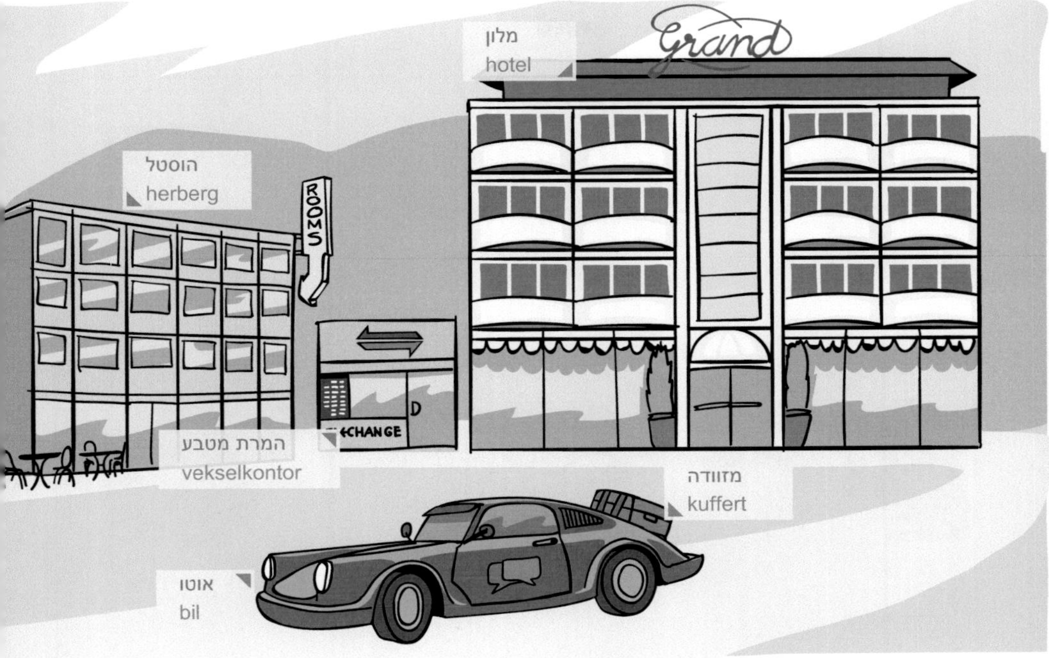

Grand
מלון
hotel
הוסטל
herberg
ROOMS
EXCHANGE
המרת מטבע
vekselkontor
מזוודה
kuffert
אוטו
bil

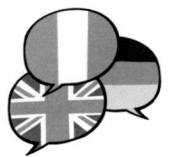

שפה

sprog

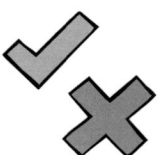

כן / לא

ja / nej

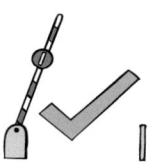

בסדר

okay

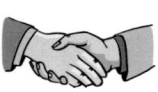

שלום

hej

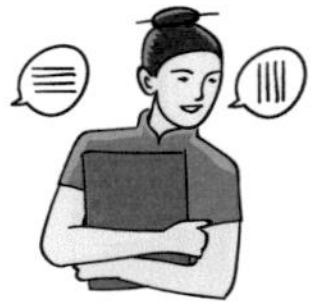

מתרגם

oversætter

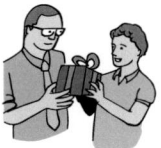

תודה

tak

כמה עולה.....?

hvad koster…?

אני לא מבין

Jeg forstår ikke

בעיה

problem

ערב טוב!

God aften!

בוקר טוב!

God morgen!

לילה טוב!

God nat!

להתראות

farvel

כיוון

retning

כבודה

bagage

תיק

taske

תרמיל גב

rygsæk

אורח

gæst

חדר

værelse

שק שינה

sovepose

אוהל

telt

מרכז מידע לתיירים

turistinformation

חוף ים

strand

כרטיס אשראי

kreditkort

ארוחת בוקר

morgenmad

ארוחת צהריים

middagsmad

ארוחת ערב

aftensmad

כרטיס

billet

מעלית

elevator

בול

frimærke

גבול

grænse

מכס

told

שגרירות

ambassade

אשרה

visum

דרכון

pas

תחבורה
transport

מטוס
flyvemaskine
אונייה
skib
כבאית
brandbil
אוטובוס
bus
משאית
lastbil
סירת מנוע
motorbåd
אופניים
cykel
אוטו
bil

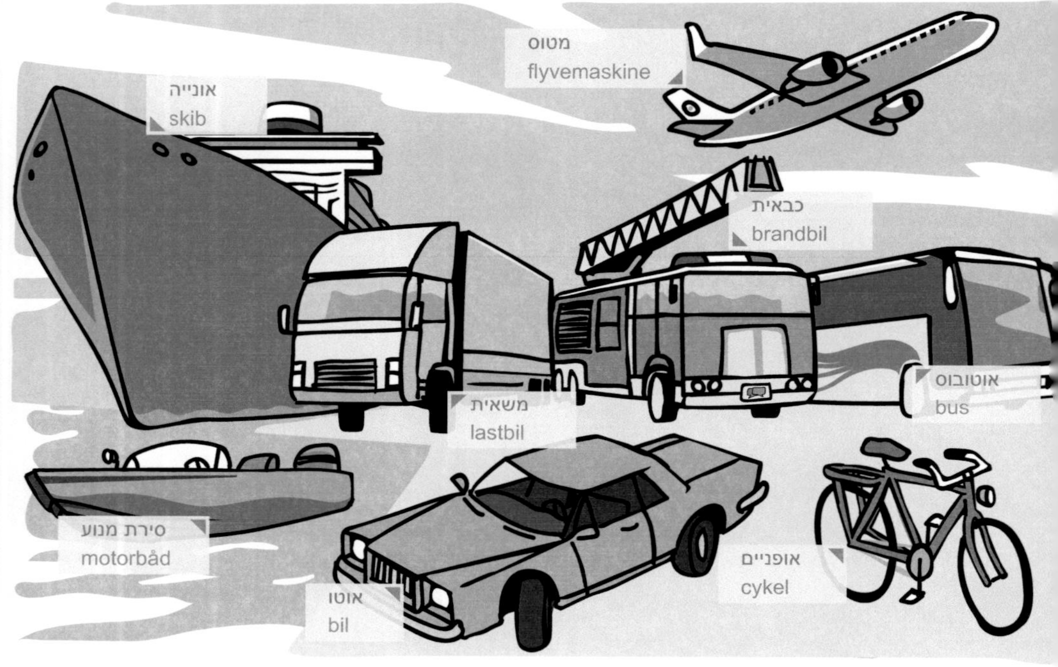

מעבורת

færge

סירה

båd

אופנוע

motorcykel

ניידת משטרה

politibil

מכונית מרוץ

racerbil

רכב שכור

lejebil

מכוניות בשיתוף

samkørsel

אוטו גרר

kranbil

משאית זבל

skraldebil

מנוע

motor

דלק

benzin

תחנת דלק

tankstation

תמרור

trafikskilt

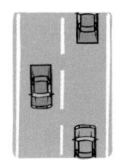

תנועה

trafik

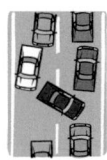

פקק תנועה

trafikprop

חניה

parkeringsplads

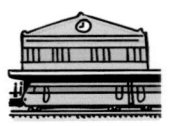

תחנת רכבת

banegård

פסי רכבת

skinner

רכבת

tog

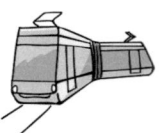

רכבת קלה

sporvogn

קרון

wagon

מסוק

helikopter

שדה-תעופה

lufthavn

מגדל

tårn

נוסע

passager

קונטיינר

container

קרטון

karton

עגלה

kærre

סל

kurv

המראה / נחיתה

starte / lande

עיר
by

כפר

landsby

מרכז העיר

bymidte

בית

hus

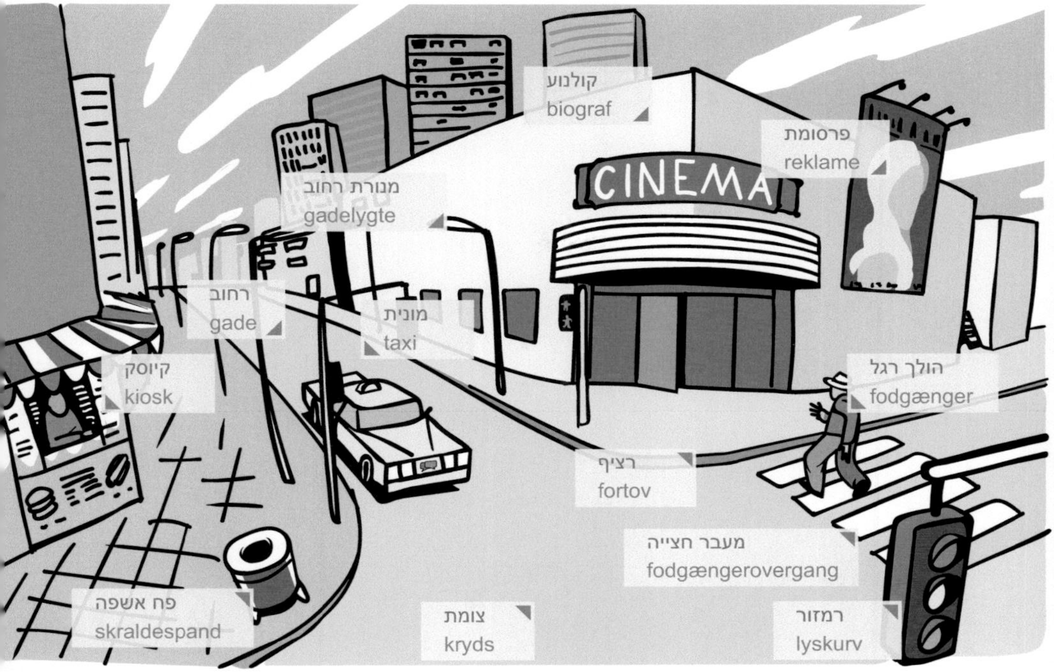

קולנוע
biograf
פרסומת
reklame
CINEMA
מנורת רחוב
gadelygte
רחוב
gade
מונית
taxi
קיוסק
kiosk
הולך רגל
fodgænger
רציף
fortov
מעבר חצייה
fodgængerovergang
פח אשפה
skraldespand
צומת
kryds
רמזור
lyskurv

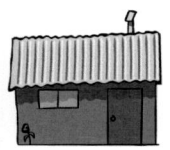

בקתה

hytte

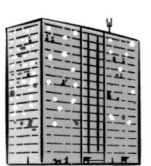

דירה

lejlighed

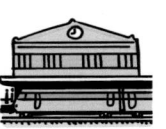

תחנת רכבת

banegård

עירייה

rådhus

MUSEUM

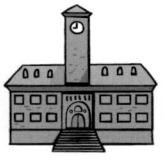

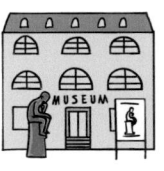

מוזיאון

museum

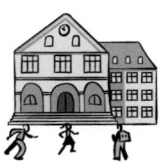

בית ספר

skole

אוניברסיטה

universitet

בנק

bank

בית חולים

sygehus

מלון

hotel

בית מרקחת

apotek

משרד

kontor

חנות ספרים

boghandel

חנות

butik

חנות פרחים

blomsterbutik

סופרמרקט

supermarked

שוק

marked

כל-בו

stormagasin

מוכר דגים

fiskehandler

קניון

butikscenter

נמל

havn

פארק

park

ספסל

bænk

גשר

bro

מדרגות

trappe

רכבת תחתית

undergrundsbane

מנהרה

tunnel

תחנת אוטובוס

busstoppested

בר

barnevogn

מסעדה

restaurant

תא דואר

postkasse

שלט רחוב

vejskilt

מדחן

parkometer

גן חיות

zoo

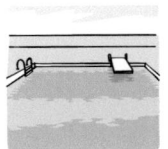

בריכת שחיה

badeanstalt

מסגד

moske

חווה

bondegård

זיהום

miljøforurening

בית עלמין

kirkegård

כנסייה

kirke

מגרש משחקים

legeplads

בית מקדש

tempel

נוף
landskab

עלה
blad

תמרור
vejviser

דרך
vej

מרעה
eng

אבן
sten

מטייל
vandrer

עץ
træ

נהר
flod

דשא
græs

פרח
blomst

בקעה

dal

הר

bjerg

אגם

sø

יער

skov

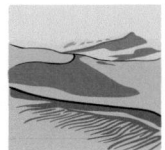

מדבר

ørken

הר געש

vulkan

טירה

slot

קשת בענן

regnbue

פטריה

svamp

דקל

palme

יתוש

moskito

זבוב

flue

נמלה

myre

דבורה

bi

עכביש

edderkop

חיפושית

bille

צפרדע

frø

סנאי

egern

קיפוד

pindsvin

ארנב

hare

ינשוף

ugle

ציפור

fugl

ברבור

svane

חזיר בר

vildsvin

צבי

hjort

אייל הקורא

elg

סכר

dæmning

טורבינת רוח

vindmølle

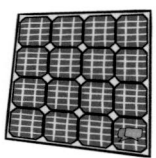

פנל סולארי

solcellemodul

אקלים

klima

מסעדה
restaurant

מלצר
tjener
תפריט
spisekort
כסא
stol
מרק
suppe
פיצה
pizza
סכו"ם
bestik
מפת שולחן
borddug

מנת פתיחה

forret

מנה עיקרית

hovedret

קינוח

dessert

שתיות

drikkevarer

אוכל

mad

בקבוק

flaske

מזון מהיר

fastfood

אוכל רחוב

streetfood

קנקן תה

tekande

מסכרת

sukkerdåse

מנה

portion

מכונת אספרסו

espressomaskine

כסא תינוק

barnestol

חשבון

faktura

מגש

tablet

סכין

kniv

מזלג

gaffel

כף

ske

כפית

teske

מפית

serviet

כוס

glas

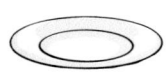

צלחת

tallerken

קערת מרק

dyb tallerken

תחתית

underkop

רוטב

sovs

מלחייה

saltbøsse

מטחנת פלפל

peberkværn

חומץ

eddike

שמן

olie

תבלינים

krydderier

קטשופ

ketchup

חרדל

sennep

מיונז

mayonnaise

סופרמרקט
supermarked

מבצע
tilbud
לקוח
kunde
מוצרי חלב
mælkeprodukter
פירות
frugt
עגלת קניות
indkøbsvogn

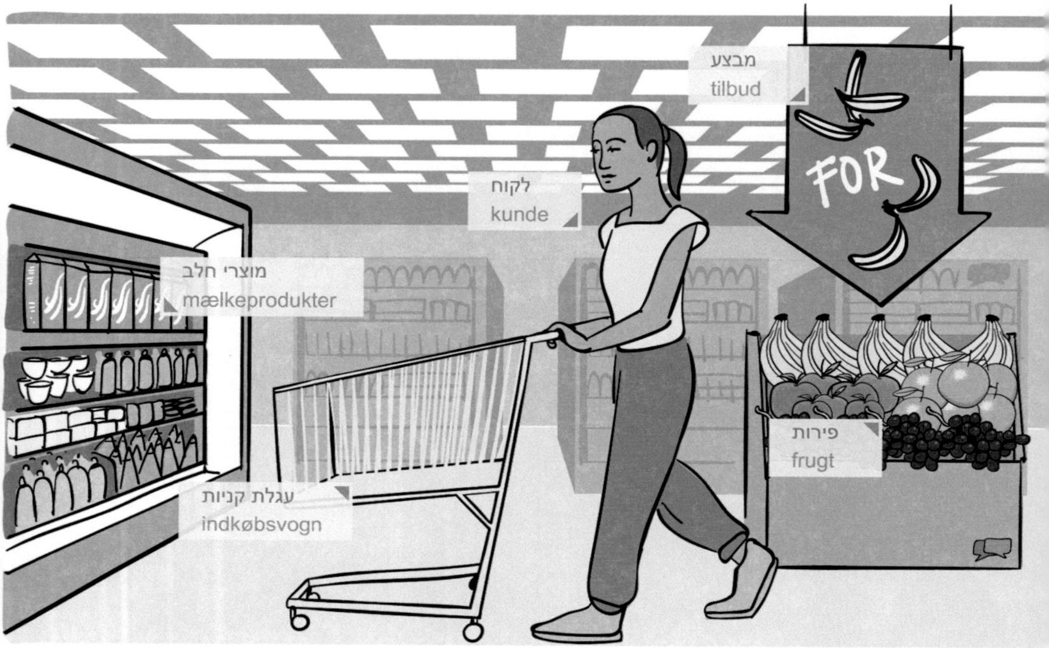

אטליז
slagter

מאפייה
bageri

שקל
veje

ירקות
grøntsager

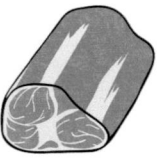

בשר
kød

מזון קפוא
frostvarer

בשר קר

pålæg

שימורים

konserves

אבקת כביסה

vaskemiddel

ממתקים

slik

מוצרי בית

husholdningsvarer

חומר ניקוי

rengøringsmidler

מוכרת

ekspedient

קופה

kasse

קופאי

kasserer

רשימת קניות

indkøbsliste

שעות פתיחה

åbningstider

ארנק

tegnebog

כרטיס אשראי

kreditkort

תיק

taske

שקית נילון

plasticpose

שתיות
drikkevarer

מים

vand

מיץ

saft

חלב

mælk

קולה

cola

יין

vin

בירה

øl

אלכוהול

alkohol

קקאו

kakao

תה

te

קפה

kaffe

אספרסו

espresso

קפוצ'ינו

cappuccino

אוכל

mad

בננה

banan

תפוח

æble

תפוז

appelsin

אבטיח

melon

לימון

citron

גזר

gulerod

שום

hvidløg

במבוק

bambus

בצל

løg

פטריות

svamp

אגוזים

nødder

אטריות

nudler

ספגטי

spaghetti

אורז

ris

סלט

salat

צ'יפס

pomfritter

צ'יפס

stegte kartofler

פיצה

pizza

המבורגר

hamburger

כריך

sandwich

שניצל

schnitzel

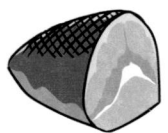

שינקין

skinke

סלאמי

salami

נקניקיה

pølse

עוף

kylling

טיגון

steg

דג

fisk

שיבולת שועל

havregryn

מוזלי

mysli

קורנפלקס

cornflakes

קמח

mel

קרואסון

croissant

לחמנייה

rundstykke

לחם

brød

טוסט

toast

עוגיות

kiks

חמאה

smør

גבינה לבנה

kvark

עוגה

kage

ביצה

æg

ביצת עין

spejlæg

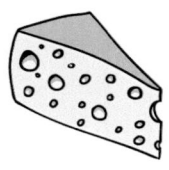

גבינה

ost

גלידה

is

סוכר

sukker

דבש

honning

ריבה

marmelade

ממרח נוגט

nougat-creme

קארי

karry

חווה

bondegård

bondehus
אסם
skur
חבילת שחת
halmballer
שדה
mark
סוס
hest
עגלת נגרר
anhænger
טרקטור
traktor
סייח
føl
חמור
æsel
כבש
får
טלה
lam

עז

ged

פרה

ko

עגל

kalv

חזיר

svin

חזרזיר

gris

שור

tyr

אווז

gås

ברווז

and

אפרוח

kylling

תרנגולת

høne

תרנגול

hane

חולדה

rotte

חתול

kat

עכבר

mus

שור

okse

כלב

hund

מלונה

hundehus

צינור השקיה

haveslange

קנקן מים

vandkande

חרמש

le

מחרשה

plov

מגל

segl

מגרפה

hakkejern

קלשון

møggreb

גרזן

økse

מריצה

trillebør

שוקת

trug

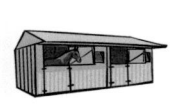

כד חלב

mælkekande

שק

sæk

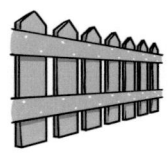

גדר

hæk

אורווה

stald

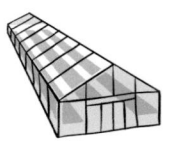

חממה

drivhus

אדמה

jord

זרע

frø

דשן

gødning

מקצרה

mejetærsker

קצר

høste

קציר

høst

בטטה אפריקנית

yams

חיטה

hvede

סויה

soja

תפוח אדמה

kartoffel

תירס

majs

קנולה

raps

עץ פירות

frugttræ

קסבה

maniok

דגנים

korn

בית
hus

ארובה
skorsten
גג
tag
מרזב
tagrende
חלון
vindue
מוסך
garage
פעמון
dørklokke
דלת
dør
פח אשפה
skraldespand
תיבת מכתבים
postkasse
גינה
have

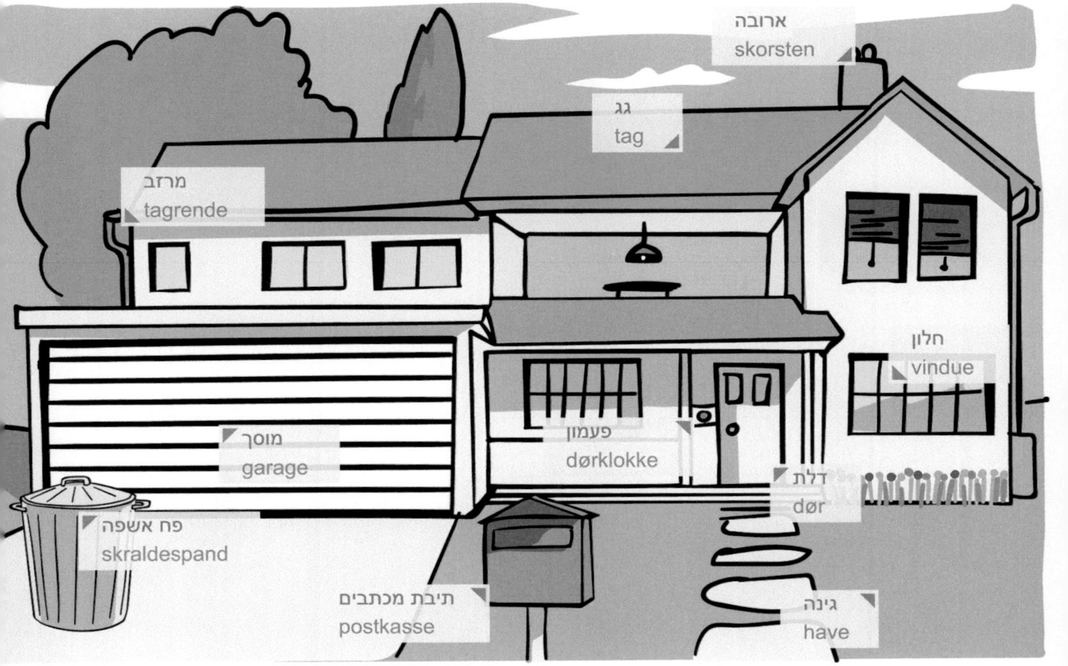

סלון

stue

חדר אמבטיה

badeværelse

מטבח

køkken

חדר שינה

soveværelse

חדר ילדים

børneværelse

חדר אוכל

spisestue

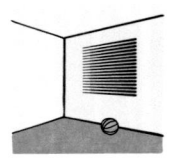

רצפה

gulv

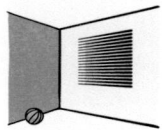

קיר

væg

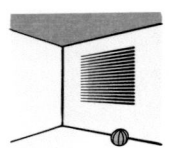

תקרה

loft

מרתף

kælder

סאונה

sauna

מרפסת

altan

מרפסת

terrasse

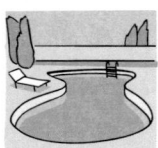

בריכה

svømmehal

מכסחת דשא

plæneklipper

סדין

dynebetræk

כיסוי מיטה

dyne

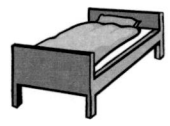

מיטה

seng

מטאטא

kost

דלי

spand

מפסק

kontakt

סלון
stue

טפט
tapet
תמונה
billede
מנורה
lampe
מדף
reol
ארון
skab
טלוויזיה
fjernsyn
אח
pejs
פרח
blomst
כרית
pude
ספה
sofa
אגרטל
vase
שלט רחוק
fjernbetjening

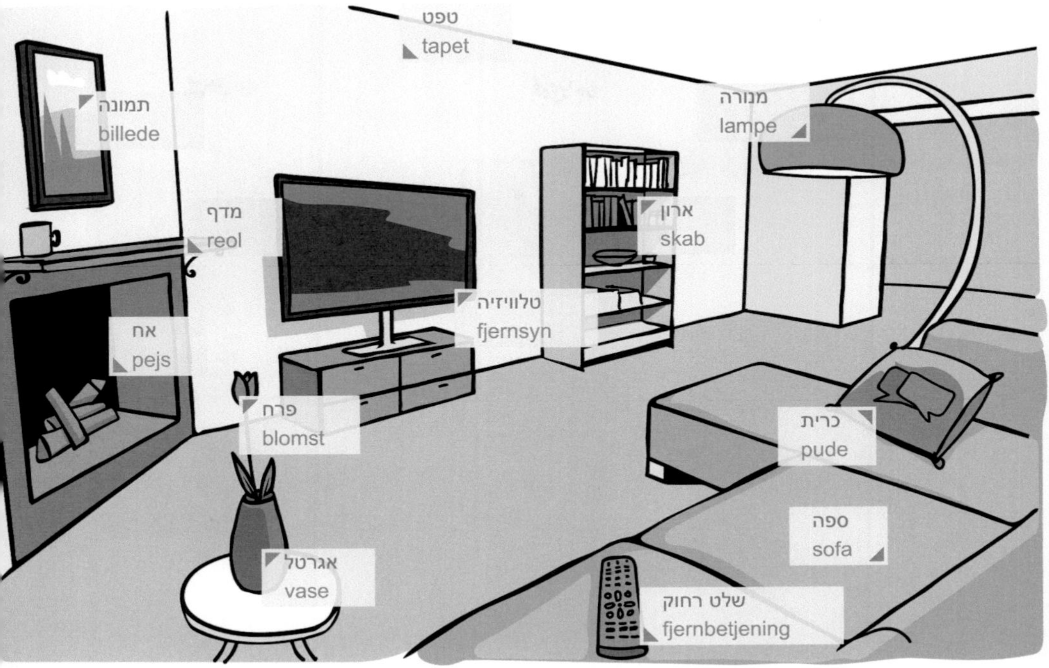

שטיח

gulvtæppe

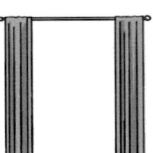

וילון

gardin

שולחן

bord

כסא

stol

כיסא נדנדה

gyngestol

כורסה

lænestol

ספר

bog

שמיכה

tæppe

דקורציה

dekoration

עצי הסקה

brænde

סרט

film

מערכת סטריאו

stereoanlæg

מפתח

nøgle

עיתון

avis

ציור

maleri

פוסטר

plakat

רדיו

radio

מחברת

notesblok

שואב אבק

støvsuger

קקטוס

kaktus

נר

lys

מטבח
køkken

מקרר
køleskab
מיקרוגל
mikrobølgeovn
køkkenvægt
טוסטר
brødrister
חומר ניקוי
rengøringsmiddel
תנור
bageovn
מקפיא
fryserum
פח אשפה
skraldespand
מדיח כלים
opvaskemaskine

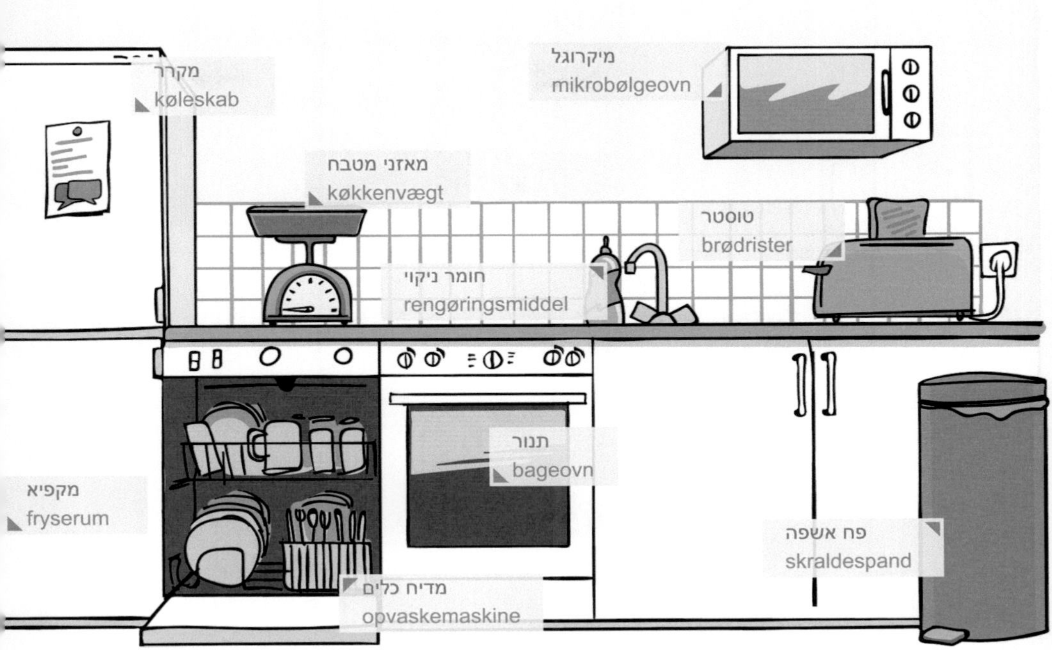

תנור

komfur

סיר

gryde

סיר ברזל

jerngryde

ווק

wok / kadai

מחבת

pande

קומקום חשמלי

elkedel

מאדה

dampkoger

מגש אפייה

bageplade

כלי אוכל

service

ספל

bæger

קערה

skål

צ'ופסטיקס

spisepinde

מצקת

øseske

מרית

paletkniv

מטרפה

piskeris

מסננת בישול

dørslag

מסננת

si

מגרדת

rive

מכתש

morter

גריל

grille

מדורה

ildsted

קרש חיתוך

skærebræt

מערוך

kagerulle

פותחן פקקים

proptrækker

פחית

dåse

פותחן קופסאות

dåseåbner

מטלית

grydelap

כיור

køkkenvask

מברשת

børste

ספוג

svamp

בלנדר

blender

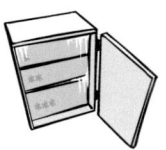

מקפיא

dybfryser

בקבוק לתינוק

sutteflaske

ברז

vandhane

חדר אמבטיה
badeværelse

חימום
radiator
מקלחת
brusebad
מגבת
håndklæde
וילון מקלחת
bruserforhæng
אמבטיית קצף
skumbad
אמבטיה
badekar
כוס
glas
מכונת כביסה
vaskemaskine
ברז
vandhane
אריחים
fliser
סיר לילה
tissepotte
כיור
køkkenvask

אסלה
toilet

אסלת כריעה
hugsiddende toilet

בידה
bidet

משתנה
pissoir

נייר טואלט
toiletpapir

מברשת אסלה
toiletbørste

מברשת שיניים

tandbørste

משחת שיניים

tandpasta

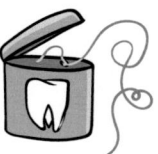

חוט דנטלי

tandtråd

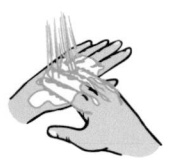

שטף

vaske

מקלחת יד

håndbruser

צינור שטיפה לשירותים

intimbruser

קערת רחצה

vaskefad

מברשת גב

badebørste

סבון

sæbe

ג'ל רחצה

brusegele

שמפו

shampoo

ליפה

vaskeklud

ניקוז

afløb

קרם

creme

דיאודורנט

deodorant

מראה

spejl

מראת יד

kosmetikspejl

סכין גילוח

barberhøvl

קצף גילוח

barberskum

אפטרשייב

barbervand

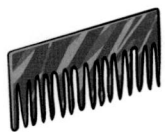

מסרק

kam

מברשת

børste

מייבש שיער

hårtørrer

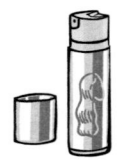

ספריי לשיער

hårspray

איפור

makeup

שפתון

læbestift

לק

neglelak

צמר גפן

vat

מספריים לציפורניים

neglesaks

בושם

parfume

תיק כלי רחצה

toilettaske

שרפרף

skammel

משקל

vægt

חלוק רחצה

badekåbe

כפפות גומי

gummihandsker

טמפון

tampon

תחבושת סניטרית

damebind

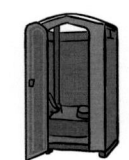

שירותים כימיקליים

kemisk toilet

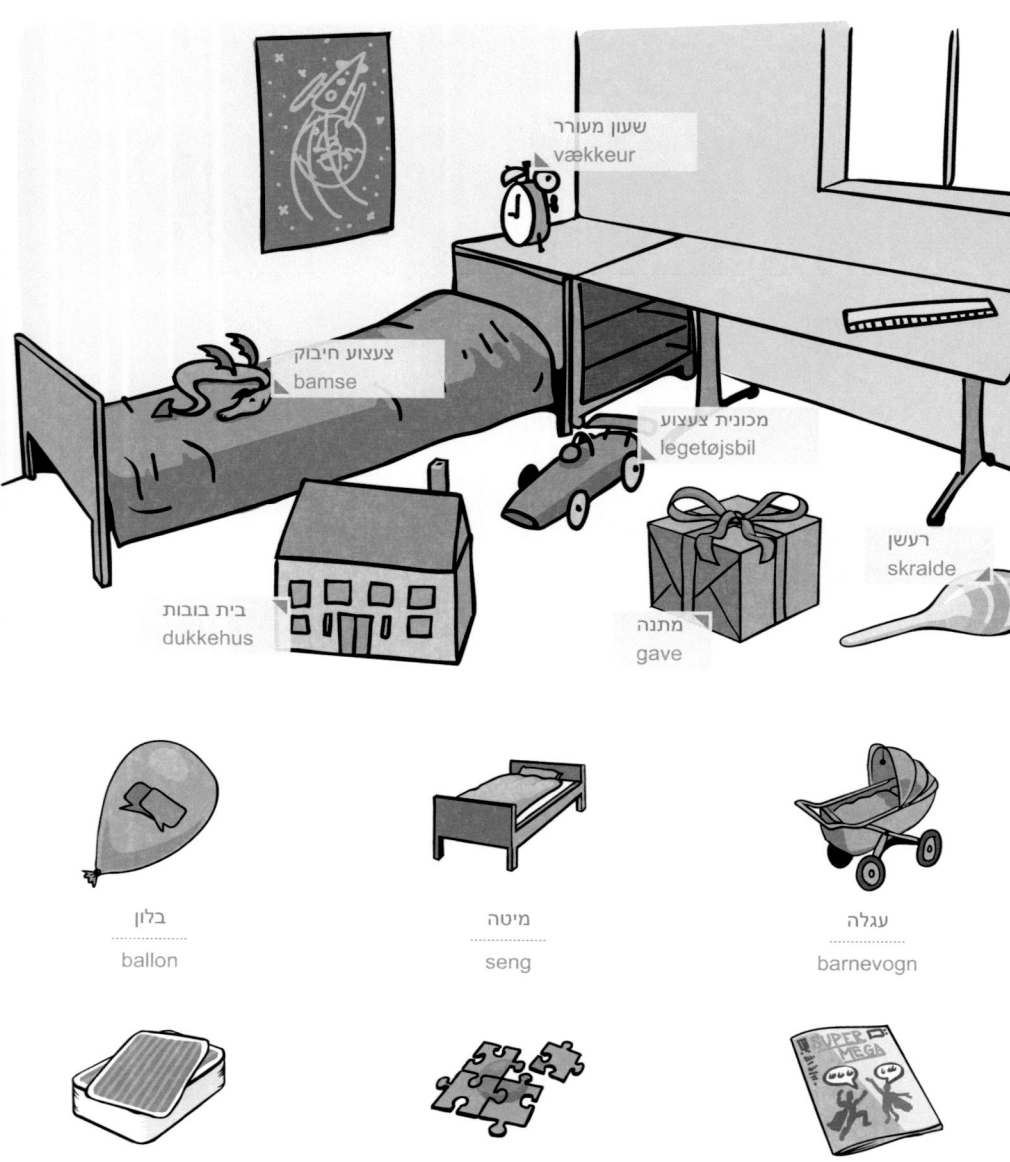

חדר ילדים

børneværelse

שעון מעורר
vækkeur
צעצוע חיבוק
bamse
מכונית צעצוע
legetøjsbil
רעשן
skralde
בית בובות
dukkehus
מתנה
gave

בלון

ballon

מיטה

seng

עגלה

barnevogn

משחק קלפים

kortspil

פאזל

puslespil

קומיקס

tegneserie

לגו

legoklodser

קוביות משחק

byggeklodser

דמות משחק

action figur

סרבל תינוקות

sparkedragt

פריזבי

frisbee

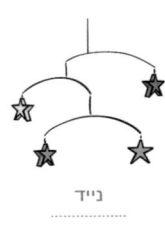

נייד

uro

משחק לוח

brætspil

קוביה

terning

רכבת צעצוע

modeljernbane

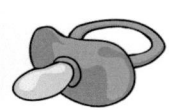

מוצץ

sut

מסיבה

fest

אלבום תמונות

billedbog

כדור

bold

בובה

dukke

שיחק

lege

ארגז חול

sandkasse

נדנדה

gynge

צעצועים

legetøj

קונסולת משחקים

spillekonsol

אופניים תלת גלגלי

trehjulet cykel

דובון

bamse

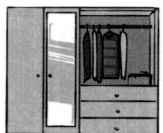

ארון בגדים

klædeskab

בגדים

tøj

גרביים

sokker

גרביונים

strømper

גרביון

strømpebukser

צעיף
sjal

מטריה
paraply

חולצת טי
T-shirt

חגורה
bælte

נעלי בית
hjemmesko

מגפיים
støvler

נעלי ספורט
sneakers

סנדלים
sandaler

נעליים
sko

מגפי גומי
gummistøvler

תחתונים
underbukser

חזייה
BH

וסט
undertrøje

גוף
body

מכנסיים
bukser

ג'ינס
jeans

חצאית
nederdel

חולצה מכופתרת
bluse

חולצה
skjorte

אפודה
pullover

סווצ'ר עם קפוצ'ון
sweatshirt

בלייזר
blazer

ז'קט
jakke

מעיל
frakke

מעיל גשם
regnfrakke

תלבושת
kostume

שמלה
kjole

שמלת כלה
brudekjole

חליפה

jakkesæt

כותונת לילה

nattrøje

פיג'מה

pyjamas

סארי

sari

מטפחת ראש

hovedtørklæde

טורבן

turban

בורקה

burka

קאפטן

kaftan

עבאיה

abaya

בגד ים

badedragt

בגד ים

badebukser

מכנסיים קצרים

korte bukser

בגד אימון

træningsdragt

סינר

forklæde

כפפות

handsker

בגדים - tøj   47

כפתור

knap

משקפיים

briller

צמיד יד

armbånd

שרשרת

kæde

טבעת

ring

עגיל

ørering

כובע

hue

קולב

bøjle

כובע

hat

עניבה

slips

רוכסן

lynlås

קסדה

hjelm

כתפיות

seler

תלבושת בית ספר

skoleuniform

מדים

uniform

מפית אוכל
hagesmæk

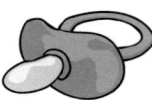

מוצץ
sut

חיתול
ble

משרד
kontor

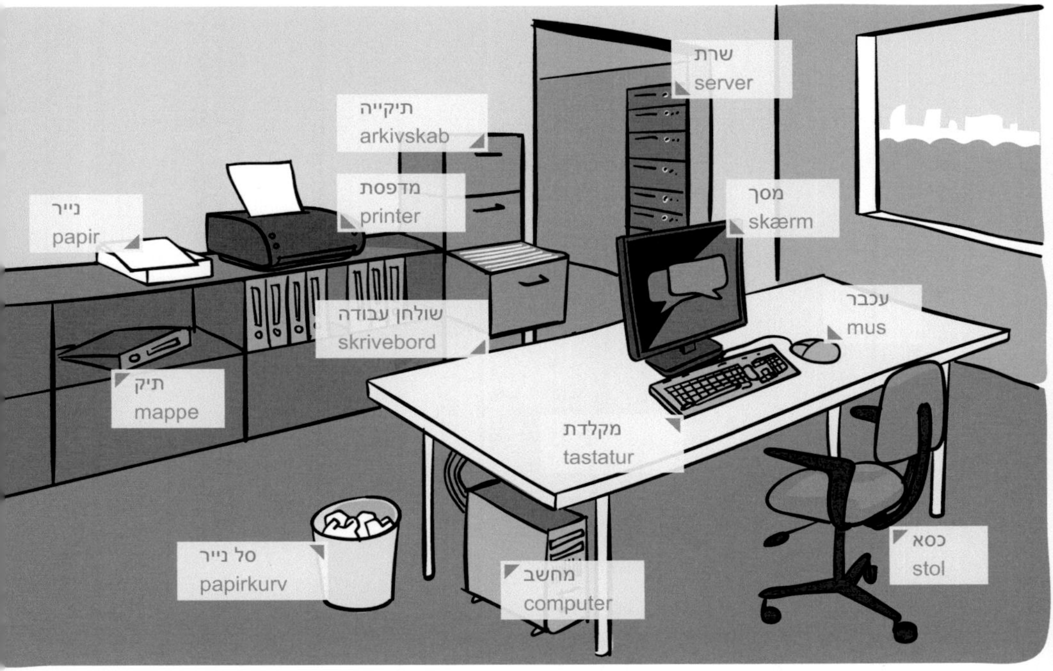

שרת
server

תיקייה
arkivskab

מדפסת
printer

נייר
papir

מסך
skærm

עכבר
mus

שולחן עבודה
skrivebord

תיק
mappe

מקלדת
tastatur

סל נייר
papirkurv

מחשב
computer

כסא
stol

ספל קפה
kaffekrus

מחשבון
lommeregner

אינטרנט
internet

מחשב נייד

bærbar

מכתב

brev

הודעה

besked

נייד

mobil

רשת

netværk

מכונת צילום

kopimaskine

תוכנה

software

טלפון

telefon

שקע

stikdåse

פקס

fax

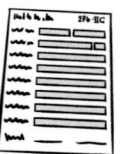

טופס

formular

מסמך

dokument

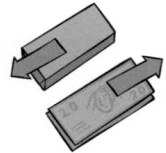

קנה

købe

שילם

betale

סחר

handle

כסף

penge

USD

דולר

dollar

EUR

יורו

euro

JPY

ין

yen

RUB

רובל

rubel

CHF

פרנק שווייצרי

schweizerfranc

CNY

יואן רנמינבי

renminbi yuan

INR

רופי

rupee

כספומט

hæveautomat

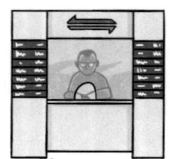

המרת מטבע

vekselkontor

זהב

guld

כסף

sølv

נפט

olie

אנרגיה

energi

מחיר

pris

חוזה

kontrakt

מס

skat

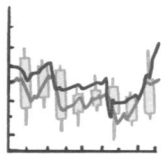

מנייה

aktie

עבד

arbejde

עובד

ansat

מעסיק

arbejdsgiver

מפעל

fabrik

חנות

butik

מקצועות
erhverv

כבאי
brandmand
שוטר
politimand
טבח
kok
רופא
læge
טייס
pilot

גנן

gartner

נגר

tømrer

תופרת

syerske

שופט

dommer

כימאי

kemiker

שחקן

skuespiller

נהג אוטובוס

buschauffør

נהג מונית

taxachauffør

דייג

fisker

עובדת נקיון

rengøringskone

מתקן גגות

tagdækker

מלצר

tjener

צייד

jæger

צייר

maler

אופה

bager

חשמלאי

elektriker

עובד בניין

bygningsarbejder

מהנדס

ingeniør

קצב

slagter

אינסטלטור

vvs-mand

דוור

postbud

חייל

soldat

אדריכל

arkitekt

קופאי

kasserer

מוכר פרחים

blomsterhandler

ספר

frisør

כרטיסן

togfører

מכונאי

mekaniker

קברניט

kaptajn

רופא שיניים

tandlæge

מדען

videnskabsmand

רב

rabbiner

אימאם

imam

נזיר

munk

כומר

præst

כלי עבודה
værktøj

פטיש
hammer
צבת
tang
מברג
skruedrejer
מפתח ברגים
skruenøgle
פנס
lommelygte

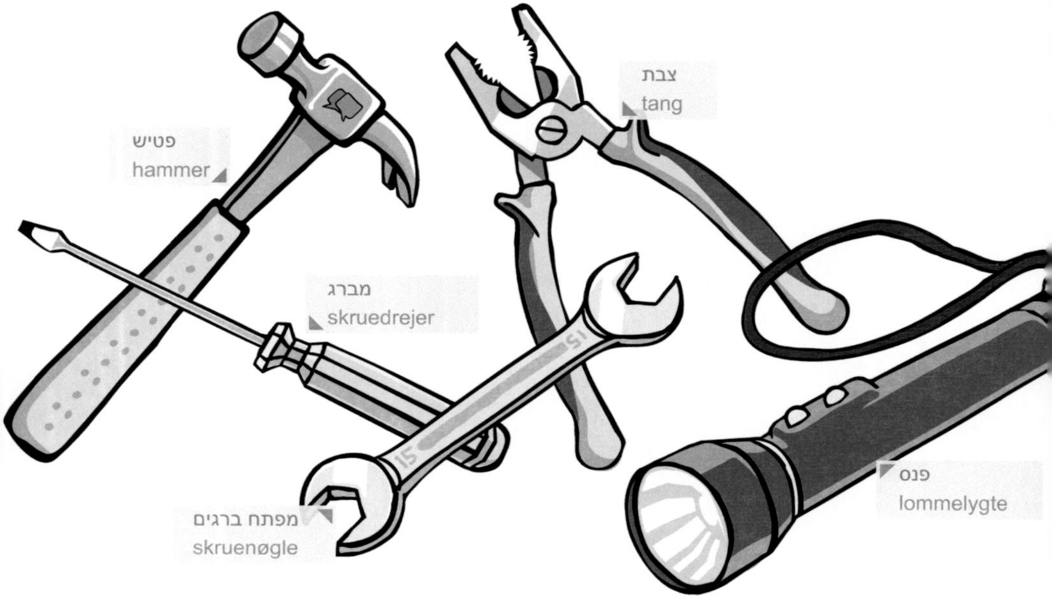

דחפור

gravemaskine

ארגז כלים

værktøjskasse

סולם

stige

מסור

sav

מסמרים

søm

מקדחה

bor

תיקן

reparere

את חפירה

skovl

לעזאזל!

Lort!

יעה

fejebakke

פח צבע

malerspand

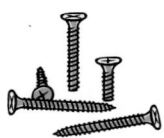

ברגים

skruer

כלי נגינה

musikinstrumenter

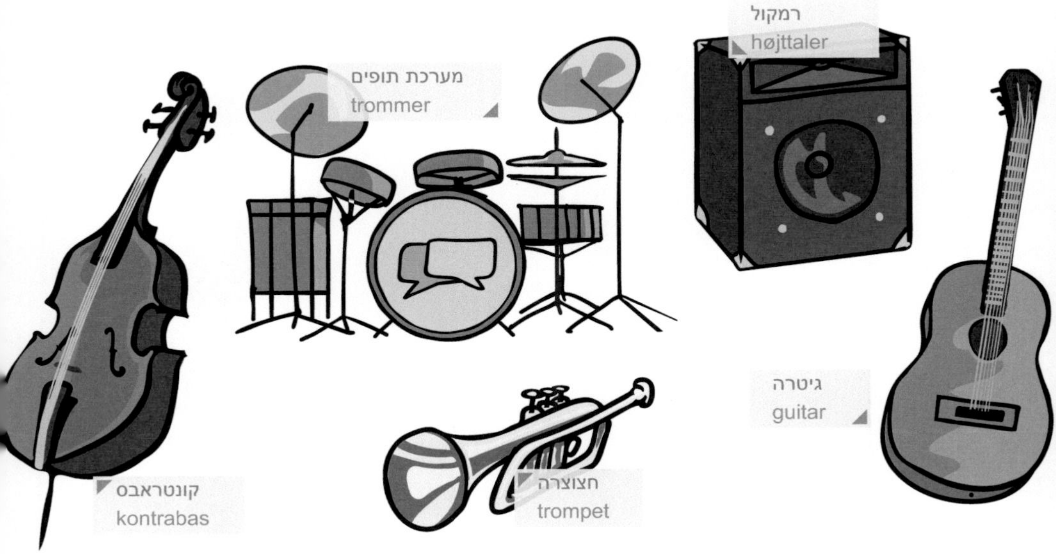

רמקול
højttaler
מערכת תופים
trommer
גיטרה
guitar
קונטראבס
kontrabas
חצוצרה
trompet

פסנתר

klaver

כינור

violin

בס

bas

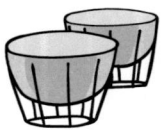

תוף הדוד

pauke

תופים

tromme

מקלדת פסנתר

keyboard

סקסופון

saxofon

חליל

fløjte

מיקרופון

mikrofon

גן חיות
zoo

כניסה
indgang
נמר
tiger
כלוב
bur
זברה
zebra
מזון לחיות
dyrefoder
פנדה
panda

בעלי חיים

dyr

פיל

elefant

קנגרו

kænguru

קרנף

næsehorn

גורילה

gorilla

דוב

bjørn

גמל

kamel

יען

struds

אריה

løve

קוף

abe

פלמינגו

flamingo

תוכי

papegøje

דוב הקרח

isbjørn

פינגווין

pingvin

כריש

haj

טווס

påfugl

נחש

slange

תנין

krokodille

שומר גן החיות

dyrepasser

כלב ים

sæl

יגואר

jaguar

סוס פוני

pony

לאופרד

leopard

היפופוטאם

flodhest

ג'ירפה

giraf

נשר

ørn

חזיר בר

vildsvin

דג

fisk

צב

skildpadde

סוס ים

hvalros

שועל

ræv

איילה

gazelle

ספורט

sport

פוטבול אמריקאי
amerikansk football
רכיבת אופניים
cykling
טניס
tennis
כדורסל
basketball
שחיה
svømning
אגרוף
boksning
הוקי
ishockey

כדורגל

fodbold

בדמינטון

badminton

אתלטיקה

atletik

כדור-יד

håndbold

עשה סקי

skiløb

פולו

polo

פעילויות
aktiviteter

צחק
grine
קפץ
springe
חיבק
give et knus
הלך
gå
שר
synge
חלם
drømme
התפלל
bede
נשק
kysse

כתב
skrive

צייר
tegne

הראה
vise

דחף
skubbe

נתן
give

לקח
tage

יש / להיות הבעלים

have

עשה

gøre

היה

være

עמד

stå

רץ

løbe

משך

trække

זרק

kaste

נפל

falde

שכב

ligge

חיכה

vente

סחב

bære

ישב

sidde

התלבש

tage på

ישן

sove

התעורר

vågne

הסתכל ב-

se på

בכה

græde

ליטף

ae

סירק

kæmme

דיבר

tale

הבין

forstå

שאל

spørge

שמע

høre

שתה

drikke

אכל

spise

סידר

rydde op

אהב

elske

בישל

koge

נהג

køre

עף

flyve

שט

sejle

חישב

regne

קרא

læse

למד

lære

עבד

arbejde

התחתן

gifte sig med

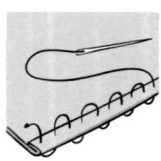

תפר

sy

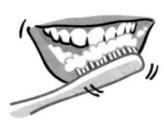

ציחצח שיניים

børste tænder

הרג

dræbe

עישן

ryge

שלח

sende

משפחה

familie

סבתא
bedstemor
סבא
bedstefar
אבא
far
אימא
mor
תינוק
baby
בת
datter
בן
søn

אורח

gæst

דודה

tante

דוד

onkel

אח

bror

אחות

søster

גוף

krop

מצח
pande
עין
øje
כתף
skulder
אצבע
finger
פנים
ansigt
סנטר
hage
כף יד
hånd
רגל
ben
חזה
bryst
זרוע
arm

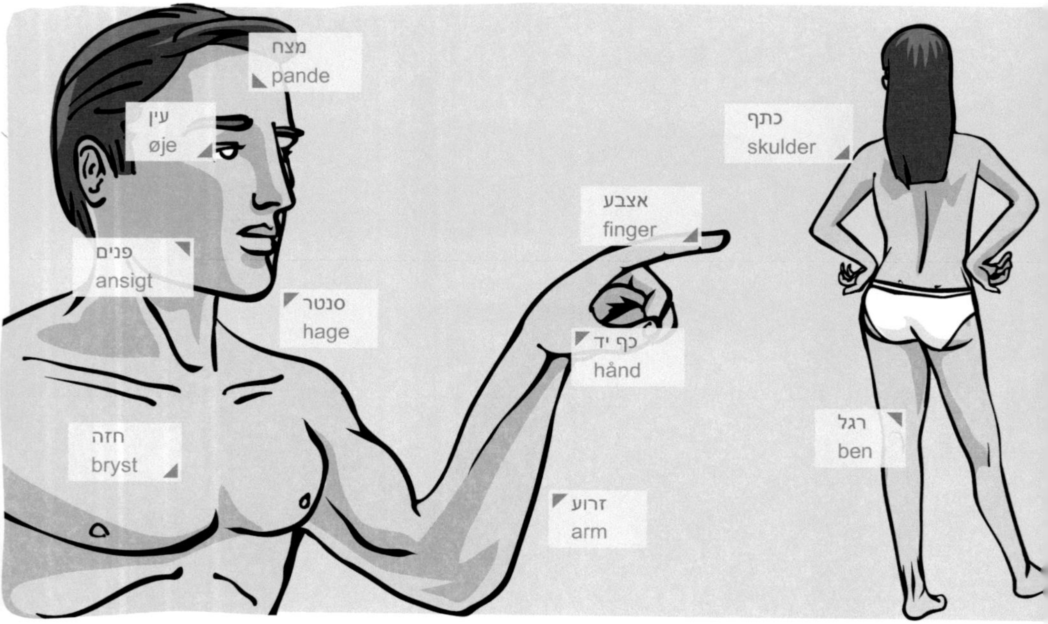

תינוק

baby

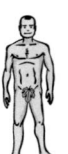

איש

mand

אישה

kvinde

ילדה

pige

ילד

dreng

ראש

hoved

גב
ryg

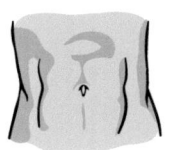

בטן
mave

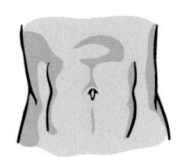

טבור
navle

אצבע
tå

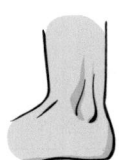

עקב
hæl

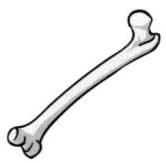

עצם
knogle

ירך
hofte

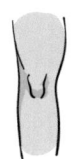

ברך
knæ

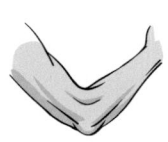

מרפק
albue

אף
næse

עכוז
bagdel

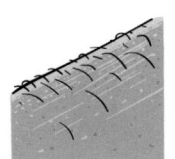

עור
hud

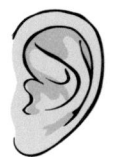

לחי
kind

אוזן
øre

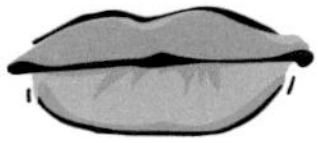

שפתיים
læbe

פה

mund

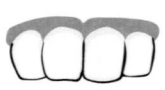

שן

tand

לשון

tunge

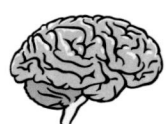

מוח

hjerne

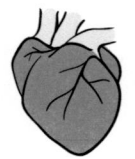

לב

hjerte

שריר

muskel

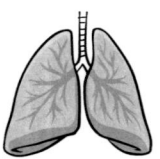

ריאה

lunge

כבד

lever

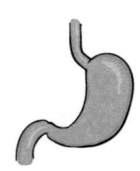

קיבה

mavesæk

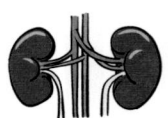

כליות

nyrer

מין

sex

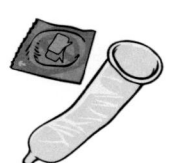

קונדום

kondom

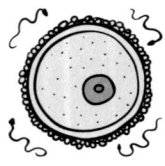

ביצית

ægcelle

זרע

sperm

הריון

svangerskab

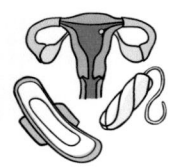

ווסת

menstruation

נרתיק

vagina

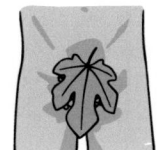

פין

penis

גבה

øjenbryn

שיער

hår

צוואר

hals

בית חולים
sygehus

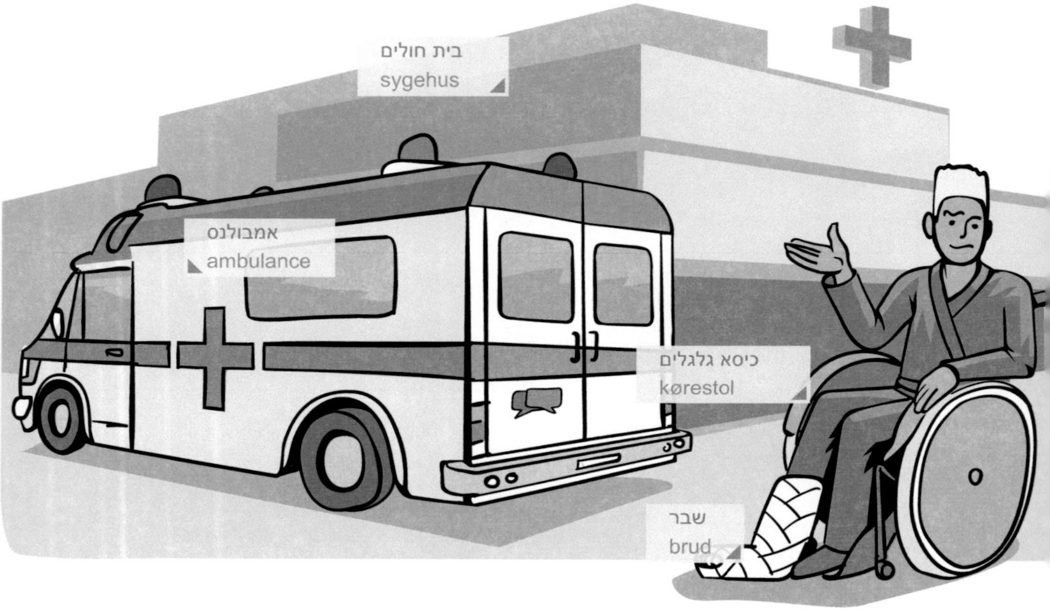

בית חולים
sygehus
אמבולנס
ambulance
כיסא גלגלים
kørestol
שבר
brud

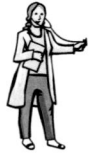

רופא

læge

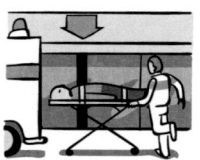

חדר מיון

akutmodtagelse

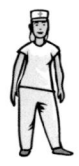

אחות

sygeplejerske

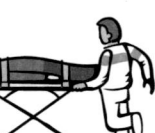

חירום

nødstilfælde

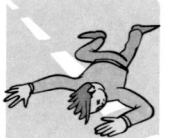

חסר הכרה

bevidstløs

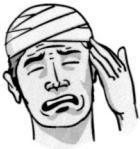

כאב

smerte

פציעה
skade

דימום
blødning

התקף לב
hjerteinfarkt

שבץ
slagtilfælde

אלרגיה
allergi

שיעול
hoste

חום
feber

שפעת
influenza

שלשול
diarré

כאב ראש
hovedpine

סרטן
kræft

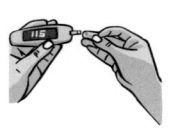

סוכרת
diabetes

מנתח
kirurg

אזמל
skalpel

ניתוח
operation

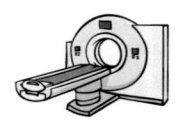

סי-טי

CT

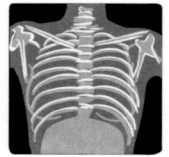

רנטגן

røntgen

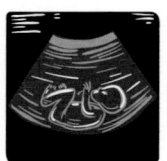

אולטרסאונד

ultralyd

מסיכת פנים

maske

מחלה

sygdom

חדר המתנה

venteværelse

קבה

krykke

פלסטר

plaster

תחבושת

forbinding

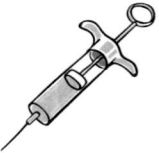

זריקה

injektion

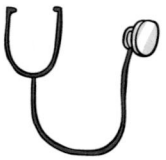

סטטוסקופ

stetoskop

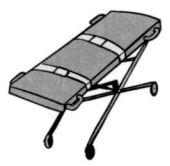

אלונקה

båre

מד חום

termometer

לידה

fødsel

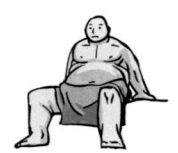

עודף משקל

overvægt

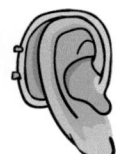

מכשיר שמיעה

høreapparat

מחטא

desinficerende middel

זיהום

infektion

נגיף

virus

איידס

HIV / AIDS

תרופה

medicin

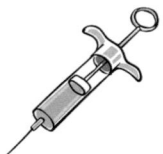

חיסון

vaccination

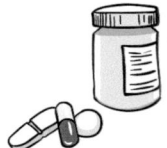

טבליות

tabletter

גלולה

pille

קריאת חירום

nødopkald

מד לחץ דם

blodtryksmåler

חולה / בריא

syg / rask

חירום
nødstilfælde

הצילו!

Hjælp!

אזעקה

alarm

פשיטה

overfald

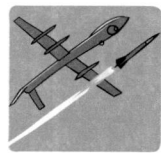

תקיפה

angreb

סכנה

fare

יציאת חירום

nødudgang

אש!

Det brænder!

מטף כיבוי

ildslukker

תאונה

uheld

ערכת עזרה ראשונה

førstehjælps-kuffert

הצילו!

SOS

משטרה

politi

כדור הארץ
Jorden

אירופה

Europa

צפון אמריקה

Nordamerika

דרום אמריקה

Sydamerika

אפריקה

Afrika

אסיה

Asien

אוסטרליה

Australien

האוקיינוס האטלנטי

Atlanterhavet

האוקיינוס השקט

Stillehavet

האוקיינוס ההודי

Indiske Ocean

האוקיינוס האנטרקטי

Sydlige Ishav

האוקיינוס הארקטי

Ishav

הקוטב הצפוני

Nordpol

הקוטב הדרומי

Sydpol

אנטארקטיקה

Antarktis

כדור הארץ

Jorden

אדמה

land

ים

hav

אי

ø

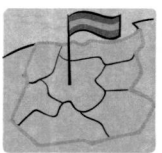

לאום

nation

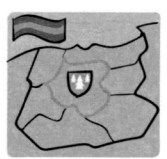

מדינה

stat

שעון

ur

פני השעון

urskive

מחוג השעות

timeviser

מחוג הדקות

minutviser

מחוג השניות

sekundviser

?מה השעה

Hvad er klokken?

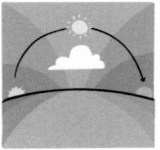

יום

dag

זמן

tid

עכשיו

nu

שעון דיגיטלי

digitalur

דקה

minut

שעה

time

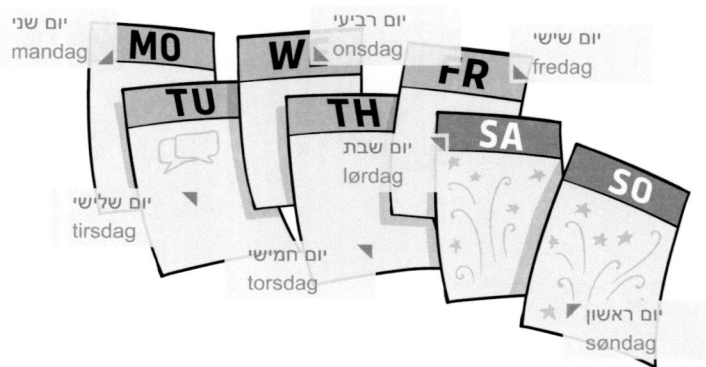

שבוע
uge

יום שני
mandag
יום שלישי
tirsdag
יום רביעי
onsdag
יום חמישי
torsdag
יום שישי
fredag
יום שבת
lørdag
יום ראשון
søndag

אתמול

i går

היום

i dag

מחר

i morgen

בוקר

morgen

צהריים

middag

ערב

aften

ימי עבודה

arbejdsdage

סוף שבוע

weekend

שנה

år

גשם
regn
קשת בענן
regnbue
שלג
sne
רוח
vind
אביב
forår
סתיו
efterår
קיץ
sommer
חורף
vinter

4.APRIL 11°
5.APRIL 4°
6.APRIL 13°
7.APRIL 8°
8.APRIL 10°

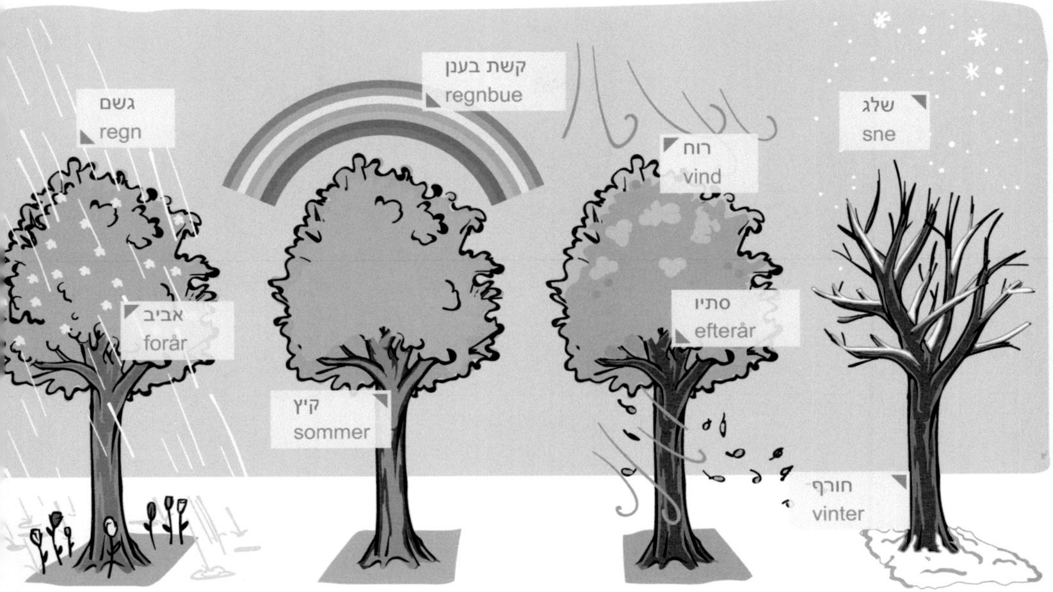

תחזית מזג האוויר

vejrudsigt

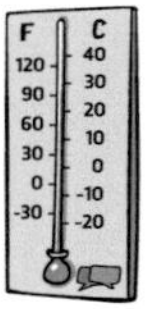

מד חום

termometer

אור שמש

solskin

ענן

sky

ערפל

tåge

לחות

luftfugtighed

ברק

lyn

רעם

torden

סערה

storm

ברד

hagl

רוח עונתי

monsun

שיטפון

flod

קרח

is

ינואר

januar

פברואר

februar

מרץ

marts

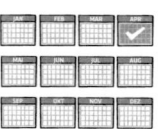

אפריל

april

מאי

maj

יוני

juni

יולי

juli

אוגוסט

august

ספטמבר
september

אוקטובר
oktober

נובמבר
november

דצמבר
december

צורות
former

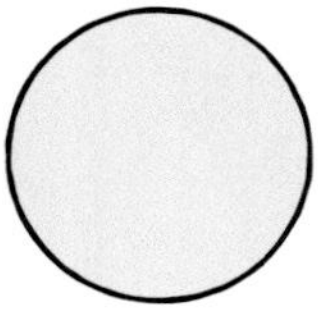

עיגול
cirkel

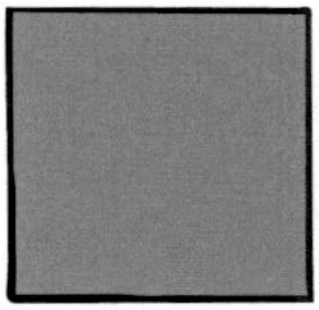

מרובע
kvadrat

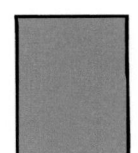

מלבן
firkant

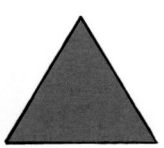

משולש
trekant

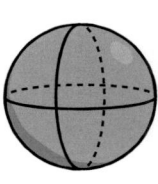

כדור
kugle

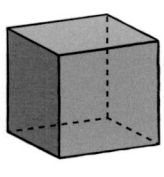

קובייה
terning

צבעים
farver

לבן

hvid

צהוב

gul

כתום

orange

ורוד

pink

אדום

rød

סגול

lilla

כחול

blå

ירוק

grøn

חום

brun

אפור

grå

שחור

sort

הפכים

modsætninger

הרבה / מעט

meget / lidt

כועס / רגוע

rasende / fredelig

יפה / מכוער

smuk / grim

התחלה / סוף

begyndelse / slut

גדול / קטן

stor / lille

בהיר / כהה

lys / mørk

אח / אחות

bror / søster

נקי / מלוכלך

ren / snavset

שלם / חלקי

fuldkommen / ufuldkommen

יום /לילה

dag / nat

מת / חי

død / levende

רחב / צר

bred / smal

אכיל / לא אכיל

spiselig / uspiselig

רשע / טוב לב

vred / venlig

מתרגש / משועמם

ophidset / kedet

שמן / רזה

tyk / tynd

ראשון / אחרון

først / sidst

חבר / אויב

ven / fjende

מלא / ריק

fuld / tom

קשה / רך

hård / blød

כבד / קל

tung / let

רעב / צמא

sult / tørst

חולה / בריא

syg / rask

בלתי-חוקי / חוקי

illegal / legal

נבון / טיפש

intelligent / dum

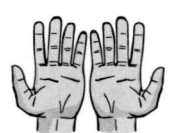

שמאל / ימין

venstre / højre

קרוב / רחוק

nær / fjern

חדש / משומש

ny / brugt

כלום / משהו

intet / noget

זקן / צעיר

gammel / ung

פעיל / כבוי

tændt / slukket

פתוח / סגור

åben / lukket

שקט / רועש

stille / højt

עשיר / עני

rig / fattig

נכון / שגוי

rigtig / forkert

מחוספס / חלק

ru / glat

עצוב / שמח

ked af det / lykkelig

קצר / ארוך

kort / lang

איטי / מהיר

langsom / hurtig

רטוב / יבש

våd / tør

חם / קר

varm / kold

מלחמה / שלום

krig / fred

מספרים
tal

0	1	2
אפס	אחת	שתיים
nul	en	to
3	4	5
שלוש	ארבע	חמש
tre	fire	fem
6	7	8
שש	שבע	שמונה
seks	syv	otte
9	10	11
תשע	עשר	אחת-עשרה
ni	ti	elleve

12

שתים-עשרה

tolv

13

שלוש-עשרה

tretten

14

ארבע-עשרה

fjorten

15

חמש-עשרה

femten

16

שש-עשרה

seksten

17

שבע-עשרה

sytten

18

שמונה-עשרה

atten

19

תשע-עשרה

nitten

20

עשרים

tyve

100

מאה

hundrede

1.000

אלף

tusinde

1.000.000

מיליון

million

שפות
sprog

אנגלית

engelsk

אנגלית אמריקאית

amerikansk engelsk

סינית מנדרינית

kinesisk mandarin

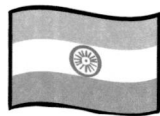

הודית

hindi

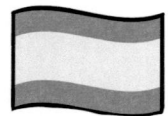

ספרדית

spansk

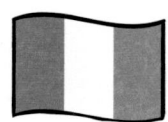

צרפתית

fransk

ערבית

arabisk

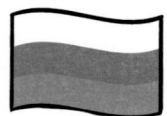

רוסית

russisk

פורטוגזית

portugisisk

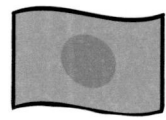

בנגלית

bengalsk

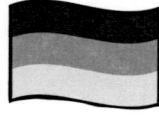

גרמנית

tysk

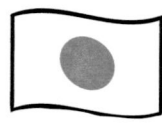

יפנית

japansk

מי / מה / איך

hvem / hvad / hvordan

אני

jeg

אתה / את

du

הוא / היא / זה

han / hun / den / det

אנחנו

vi

אתם

I

הם

de

מי?

hvem?

מה?

hvad?

איך?

hvordan?

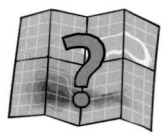

איפה?

hvor?

מתי?

hvornår?

שם

navn

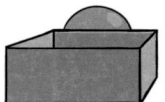

איפה

hvor

לפני

foran

בתוך

i

מאחור

bag

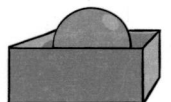

מתחת

under

על

på

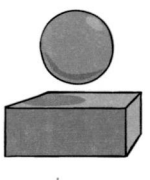

מעל

over

מקום

sted

בין

imellem

ליד

ved siden af